AF440359

$L_{in}$ $^{27}/_{12641}$

8/4

130

Conserver la Couverture

# CONFÉRENCE DOMAT.

## NOTICE

### SUR

# MICHEL LHOSPITAL

PAR

### M. Alphonse LANDIER,

Avocat à la Cour impériale de Paris.

## PARIS,

### IMPRIMERIE DE MOQUET,

92, rue de la Harpe.

—

1855

L 27
Lm 12 641

# NOTICE

# SUR MICHEL LHOSPITAL,

PAR

## M. Alphonse LANDIER,

Avocat à la Cour impériale de Paris.

Lue à la Conférence Domat le 21 janvier 1855.

L'homme dont je vais essayer de vous retracer la vie naquit dans une de ces périodes agitées où le bien est d'autant plus difficile à faire que les passions étouffent, par la violence des orages qu'elles soulèvent, la voix de la raison.

Dans ces temps malheureux, au milieu des crises douloureuses que voit renaître chaque jour, le plus grand nombre se trouve assailli par le découragement ou pris par le doute : seules quelques natures généreuses, qui sentent en elles l'amour du bien plus grand encore que la corruption du siècle, s'animent à l'ardeur de la lutte au bruit des rumeurs populaires, et dominent l'égoïsme et l'ambition de leurs concitoyens de toute la hauteur de leur patriotisme et de leur désintéressement.

Le grand spectacle d'un cœur honnête dont la conviction inébranlable n'a jamais faibli un instant, qui a sacrifié au culte du juste fortune et dignités, qui a eu l'honneur de tomber du

poste éminent où l'avait élevé l'estime générale parce que son siècle n'était pas assez fort
pour soutenir l'excès de sa vertu, est fait pour
exciter de profondes émotions jusque dans
les âmes les plus sceptiques. S'il est impossible,
même à ceux qui ont eu le malheur de perdre la
notion de la dignité humaine, en lisant certains
traits d'une vie si pure, de ne pas sentir se
réveiller en eux de sublimes instincts ; vous
comprenez que la jeunesse au sein de laquelle se
sont conservées les nobles aspirations ne peut
écouter sans un saint frémissement l'histoire de
cet homme illustre qui aux vertus antiques allia
l'humilité chrétienne.

Quant à moi, qui suis chargé de vous esquisser
les traits principaux de cette existence sans
tache, je me sens, avant d'aborder ce grave
sujet, pris d'un sentiment de respect profond ;
la mémoire d'un citoyen illustre a en effet
quelque chose de saint et de vénérable, et ce
n'est qu'avec frayeur que l'on évoque une ombre
magnanime.

Lorsque j'étudiais, pour vous la retracer, cette
carrière si bien remplie, à chaque révélation qui
m'était faite sur ce noble caractère je sentais mes
pensées devenir meilleures; je grandissais dans
la muette contemplation de cette vertu si haute
qu'elle semble avoir atteint les rêves de l'idéal;
je vivais de cette vie forte, intelligente, active
qui fut celle de ce cœur héroïque; j'applaudissais

à son rare courage, à ses mâles efforts; à mesure que j'avançais avec les événements, mon admiration croissait et faisait bientôt place à l'enthousiasme.

Telles sont les impressions qu'a produites en moi la vue de cette conscience hardie, opposant une volonté qui ne sut jamais fléchir aux entraînements pleins de séduction d'une cour corrompue.

Trop heureux, Messieurs, si j'avais le bonheur dans cette courte notice de reproduire une partie des traits principaux de cette belle physionomie qui m'ont le plus frappé!

Je croirais avoir réussi au-delà de mes espérances, si mon faible récit pouvait faire passer dans vos âmes quelques unes des émotions qui ont rempli la mienne lorsque je méditais cette austère figure.

Le seizième siècle s'était ouvert sous de brillants auspices, l'Europe semblait avoir enfin secoué la torpeur du moyen-âge, l'ère moderne commençait; tout s'agitait et frémissait dans cette société arrivée à la vie de l'intelligence; un souffle fécond avait passé sur cette génération qui resplendit tout à coup du double éclat des arts et des sciences : des statuaires, des peintres, des jurisconsultes, de grands politiques, de grands capitaines, tout parut à la fois. De si beaux débuts promettaient un avenir prospère; cependant les espérances qu'ils faisaient concevoir ne se réalisèrent pas. L'esprit humain, qui prenait son essor pour la première fois depuis la chute de l'empire romain, s'enorgueillit de son émancipation; il prétendit, à l'aide des vives lumières qu'il était fier de répandre, détruire tous les préjugés, renverser toutes les erreurs ; mais confondant les abus avec les dogmes de l'Eglise romaine, non content de toucher aux choses de la terre, sa téméraire audace voulut réformer les choses de Dieu : le protestantisme naquit : avec lui apparurent les guerres de religion. C'est pendant ces temps malheureux où des Français, au nom d'un Dieu de charité et d'amour, s'égorgeaient avec fureur, que Lhospital fut appelé aux honneurs de la chancellerie. Là commence, à proprement parler, la période culminante de sa vie. Ce poste important mit en lumière son inébranlable vertu et fixa sur lui l'attention de tous.

Toutefois je crois qu'il n'est pas sans intérêt d'examiner par quels chemins il arriva aux honneurs; nous trouvons (chose étonnante dans un siècle corrompu) que son mérite et sa rare vertu l'élevèrent seuls au pouvoir. — Nous sommes d'ailleurs poussés par le sentiment d'une pieuse curiosité à rechercher quelle fut la vie privée des grands hommes alors que rien ne présageait à leurs noms un grand retentissement dans la postérité : permettez-moi donc de vous dire un mot de l'enfance laborieuse et ignorée du futur chancelier de France.

L'Auvergne s'honore d'être son berceau. Il naquit au commencement du septième siècle à Aigueperse, aujourd'hui un des chefs-lieux du Puy-de-Dôme. Son père était médecin du connétable de Bourbon; une amitié vive l'attacha toujours à ce prince qui le fit le confident de ses projets. Toutes les qualités qui immortalisèrent le nom de son fils lui avaient conquis l'amitié de ceux qui l'entouraient : voici du reste le portrait que le chancelier en a lui-même tracé : «Mon père était constant dans ses affections, inébranlable dans ses projets et prêt à les soutenir même au péril de sa tête : ce caractère qu'il montra dès l'enfance ne se démentit dans aucun âge de sa vie; préférant l'honnête à l'utile, il dédaigna les richesses et fut toujours pauvre. »

Tels furent les nobles sentiments qui animèrent l'auteur de ses jours : obéir à la voix du devoir semblait à cette conscience si droite la suprême loi !... aussi Michel Lhospital ne dut-il pas ressentir une joie médiocre lorsqu'il vit se perpétuer dans un autre lui-même cette passion du bien qui avait fait de sa vie un exemple pour tous ; son amour paternel fut bien flatté sans doute lorsqu'avant de mourir, il put contempler l'héritage de vertus domestiques qu'il laissait, à défaut de fortune, agrandi et accru par les nobles instincts de son descendant, on doit croire qu'un légitime orgueil lui arracha alors ces belles paroles qu'Homère met dans la bouche d'Hector embrassant Astyanax : « Il sera meilleur que son père. » — L'enfant fut élevé sous ses yeux; il voulait lui-même habituer à des pensées sérieuses sa jeune imagination. A cet âge où toutes les impressions sont mobiles, il est aisé à une volonté supérieure de diriger toutes les forces actives de l'intelligence vers un but noble et élevé : les bons sentiments qu'on a ainsi cherché à inspirer d'une manière persévérante deviennent un besoin que vous a fait l'habitude de leur pratique. Ainsi se forme dans les jeunes années le caractère, c'est-à-dire cet ensemble de pensées et de tendances tellement propres à un individu qu'il le différentie de tous les autres. Quand le père de Lhospital eut pour ainsi dire fait l'âme de son fils à son image, le temps de s'instruire étant venu, il se sépara de lui. Toutefois son sort et sa conduite, loin du toit paternel ne le préoccupèrent jamais; il savait que les germes féconds qu'il avait déposés dans son sein ne feraient que se développer, quoiqu'il pût arriver; quelque chose lui disait qu'il vivrait et mourrait honnête homme. C'était là l'important. Son amour avait toujours rêvé pour son enfant les triomphes du barreau; il l'envoya à Toulouse puiser les premiers éléments de la science du droit. Pendant que le jeune Lhospital méditait dans cette ville les leçons de ses maîtres, de graves événements se passaient en France. Le duc de Bourbon exaspéré par

les ridicules prétentions de la mère de François Ier qui aspirait à sa main, se déclarait
contre le roi. La défection de ce prince du
sang, quoiqu'il eût de graves raisons de plainte,
fut plus qu'une faute; la postérité lui infligea le
nom de crime. — La patrie attend de ses enfants
un culte absolu éternel, et exige qu'on lui reste
fidèle même quand elle frappe l'innocent. Elle
dédaigne les amours vulgaires de ceux dont elle
protége les droits, le dévouement des citoyens
qu'elle persécute lui est seul agréable. — Tout
ce qui a pu expliquer la conduite du duc de
Bourbon a été impuissant à le justifier; on lui a
toujours reproché de n'avoir pas eu au service
de son pays un amour plus fort que ses injus-
tices. « Mon père, nous dit le Chancelier, entraîné
dans la chute de cette maison illustre (on se rap-
pelle qu'il était le médecin et l'ami de cette famille) suivit plutôt par fatalité que par réflexion
un parti que Dieu réprouvait ; il ne se montra
point pourtant l'ennemi de sa patrie; il ne porta
point les armes contre elle. » Michel Lhospital
passa avec le connétable en Italie. A peine le
jeune étudiant (il n'avait alors que dix-huit ans)
a-t-il appris que son père n'est plus en France,
qu'il brûle d'aller le rejoindre. Il quitte Toulouse
et franchit avec bonheur les frontières. Son père
se trouvait enfermé dans Milan où François Ier
tenait assiégé le duc de Bourbon : il faut, pour
arriver jusqu'à lui, pénétrer dans la ville à travers

toutes les troupes françaises qui l'environnent. S'il est reconnu, il y va de sa vie ; l'intrépide enfant ne mesure le danger que pour le mépriser ; prenant conseil de son seul courage et de l'amour filial qui l'anime, il se déguise en muletier et s'élance dans les rangs ennemis... La Providence qui lui a inspiré cette forte résolution lui fait traverser sain et sauf le camp des assiégeants, et sa bonté divine le rend aux transports de tendresse qu'excite chez son père la vue inespérée du courageux enfant.

Cependant le siége traînait en longueur, et l'éducation du jeune homme n'était point encore terminée. Il fut résolu qu'il irait achever ses études dans une des grandes universités d'Italie. Pour sortir de la ville, il reprend son travestissement, et franchit de nouveau avec bonheur l'armée assiégeante. Ainsi l'amour de la science lui fit surmonter les mêmes périls que peu auparavant la piété filiale lui avait fait braver. La passion de s'instruire chez ce grand homme n'était égalée que par les qualités du cœur. Il choisit Padoue pour lieu de ses études. Cette ville retentissait encore des noms célèbres de Guichardin, de Machiavel, de l'Arioste, auxquels elle avait donné naissance. C'est là que des travaux sérieux achevèrent de donner à son esprit cette grande portée et cette étendue qui devait faire plus tard sa fortune comme homme politique ; il se fit tellement remarquer qu'il appela sur lui l'attention du gou-

vernement romain ; il en obtint bientôt une place
d'auditeur à la rote, c'est-à-dire de juge.

Cependant tous ces succès obtenus chez une
nation étrangère ne pouvaient flatter Lhospital,
dont l'ardent patriotisme aspirait à faire tourner
ses talents au profit de ses concitoyens. Son âme,
foyer de toutes les vertus, était surtout consu-
mée par cet amour de la terre natale qui fut la
passion de l'antique cité romaine. C'était le cœur
brisé qu'il supportait le deuil de l'exil. Son esprit n'avait jamais compris des triomphes que
son pays ne consacrait pas. Enfin arriva le moment où il fut permis au noble jeune homme de
toucher le sol français, qu'il devait tant illustrer
plus tard. A son retour il n'éprouva que décep-
tions et difficultés ; le cardinal de Tournon, à la
bonté duquel il devait d'avoir été rappelé, vint à
mourir. Il perdait en lui le seul homme qui lui
portât de l'intérêt et pût le protéger. Quant à son
père, il ne pouvait lui être d'aucun secours ;
moins heureux que lui, il était resté en Italie, et
ses biens avaient été confisqués. Il se trouva donc
ainsi en face de lui-même, seul et sans appui.
D'autres dans cette position seraient retournés à
Rome, où il eût obtenu une fonction élevée, grâce
à la réputation qu'il s'était faite dans cette ville;
mais Lhospital avait assez de courage pour sup-
porter la misère, et assez de patriotisme pour
préférer les privations subies au sein de la France
à la fortune que lui promettait une nation qui

n'était pas la sienne; il resta donc. D'ailleurs, cette
vertu exceptionnelle appelait de tous ses vœux le
moment où il lui serait donné de se mesurer corps
à corps avec totes les corruptions de son siècle,
avec tous les abus qu'il voulait combattre et renverser. Comme l'aigle, il éprouvait un âpre plaisir
à lutter contre la tempête. Cette âme, fortement
trempée, aimait à se nourrir de ces saveurs amè-
res, fruits des rudes labeurs et des travaux in-
grats, de même que les esprits vulgaires cher-
chent à se repaître des voluptés faciles que
donne la richesse.

La carrière d'avocat lui était ouverte par les
études auxquelles il s'était livré; il prit la robe
et suivit le palais avec assiduité. Trois ans s'é-
coulèrent dans les occupations pénibles de la pro-
fesssion; ses efforts aboutirent enfin à un heureux résultat; ses talents le firent remarquer, et
le lieutenant criminel Morin lui donna sa fille
avec une place de conseiller au parlement pour
dot. La vénalité des charges avait introduit de
grands abus dans cet illustre corps, qu'il devait
réformer plus tard. Plus d'un magistrat faisait
preuve d'une ignorance extrême ou d'une profonde corruption; toutefois, sans se laisser in-
fluencer par l'exemple, il remplit scrupuleusement
les devoirs de sa charge. Il fit surtout preuve d'une
grande exactitude; arrivé toujours le premier au
Palais, on l'en voyait sortir le dernier; son attention ne se fatiguait jamais d'écouter tous les

moyens plaidés à l'audience ; son plus grand désir était de rendre une bonne justice ; il apporta pour juger les moindres différents qui naissaient entre les particuliers les mêmes soins qu'il mit plus tard à régler les importants intérêts qui lui furent confiés. Pour les hommes supérieurs, il n'y a rien de petit et rien de grand, parce que leur génie domine tout. L'amitié de l'illustre et vertueux Ollivier, chancelier de France, auquel il devait succéder, le délivra de ces monotones occupations en le faisant nommer commissaire du roi près le concile de Trente. Cette mission, du reste, fut sans résultat, les évêques n'ayant pu s'entendre sur le lieu où ils devaient siéger, et s'étant scindés en deux camps. Au bout de dix-huit mois, Lhospital revint en France. A son retour, il allait être forcé de reprendre sa place de conseiller, pour laquelle il ne se sentait aucun goût, si une fille de François I^er, la belle, spirituelle et savante Marguerite de Valois, découvrant en lui un esprit supérieur, ne se le fût attaché en qualité de chancelier. Ces nouvelles fonctions le firent connaître à la cour où il suivait sa protectrice. Les Guises voulurent mettre à profit son talent, et, grâce à eux, il fut nommé surintendant des finances.

Inutile de vous dire, je pense, que son premier soin fut de ramener l'ordre dans la perception des deniers publics, et de châtier avec sévérité les concussionnaires. Il réussit complètement

dans la gestion qui lui était confiée ; je n'en veux
pour preuve que les tempêtes qu'il souleva contre lui de la part de ceux qui étaient habitués à
vivre aux dépens de l'État. Cependant le moment
était venu où il allait aborder la première dignité
du royaume. Il importe d'examiner rapidement la
situation de la France à son avénement au pouvoir.

Henry II venait de mourir ; le sceptre tombait
aux mains débiles du maladif François II. Ce roi,
à peine âgé de dix-sept ans, subissait l'influence
des grâces séduisantes de sa femme, la char-
mante Marie Stuart ; celle-ci, alors, dans tout l'é-
clat de sa beauté, obéissait à son tour aux Guises,
ses oncles, dont l'ambition aspirait à gouverner
l'État. La reine mère, Catherine de Médicis, la
cruelle et rusée Florentine, voyait avec dépit la
puissance des princes lorrains prendre d'inquié-
tantes proportions. Pour ressaisir le pouvoir qui
lui échappait, elle crut qu'il était bon de metttre
à la tête des affaires un homme probe et courageux par devoir, qui fît respecter l'intérêt de son
fils. Elle pensa à Lhospital ; les Guises ne s'op-
posèrent point à son élévation ; ils espéraient, en
employant les intrigues et la corruption, le mettre plus tard de leur côté. Ces esprits, tourmen-
tés d'arriver au rang suprême, objet de leur con-
voitise, ne pouvaient croire à la vertu absolue.
Toutes ces espérances furent déçues ; Lhospital
ne fut d'aucun parti. Au milieu de ces ambitions
rivales , dans l'ardeur des luttes entre les protes-

tants et les catholiques, il n'écouta point la voix
des passions qui cherchaient à l'entraîner, mais le
cri de sa conscience qui lui traçait le chemin invariable dont il ne s'écarta jamais. Vous connaissez
maintenant le milieu difficile où il fut appelé à
vivre; vous voyez quels personnages l'entourèrent pour l'intelligence des événements que je
vais dérouler devant vos yeux, il me reste à vous
retracer le portrait de celui qui y prit une si
grande part. Je vous ferai pressentir par là le rôle
qu'il joua au milieu des commotions politiques
auxquelles il se trouva mêlé.

Parmi les hommes auxquels la postérité a accordé le titre de grands, il en est beaucoup qui
ont vécu d'une double vie; ils avaient de la grandeur, de la dignité dans l'exercice des hautes
fonctions qui leur étaient confiées lorsqu'ils sentaient que les regards de tous étaient fixés sur
eux; mais une fois rendus à la vie privée, le ministre aux beaux sentiments disparaissait: le
grand homme reprenait les proportions les plus
vulgaires, et l'œil seul de quelques amis suivait
avec étonnement ces métamorphoses inconnues
du public. Ces faux sages, parés seulement des
semblants de l'honnêteté, inspiraient le plus profond mépris à Lhospital; la franchise faisait
avant tout le fond de son caractère; et s'il n'eût
pas été homme de bien, sa loyauté l'aurait poussé
à ne jamais vouloir le paraître. La pratique de
la vertu ne fut chez lui que le résultat de la con-

viction la plus sincère. Comme la pureté de sa conduite prenait sa source non dans l'orgueil et l'ostentation, mais dans le sentiment du devoir, il se montra honnête partout et toujours. Ses mœurs publiques reflétèrent les qualités qu'il fit briller au foyer domestique, si bien que pour connaître en lui l'homme d'État, il faut étudier d'abord le père de famille. Il est assez facile, du reste, de pénétrer dans son existence privée. On a conservé un volume de poésies sorties de sa plume, où nous trouvons éparses çà et là quelques indications sur ses goûts et ses habitudes; nous tâcherons, en puisant avec soin dans cet ouvrage, de recomposer cette grande figure historique.

Sous les apparences d'un extérieur sévère et rigide, qu'il s'était créé lui-même à dessein, comme il nous l'apprend, pour en imposer davantage aux hommes corrompus qui l'apppro-chaient, il cachait une bonté pleine d'indulgence. En vain ses ennemis prétendaient que rien d'humain ne battait dans sa poitrine. « Quoi qu'on en
» dise, leur répondait-il, je ne suis point né d'un
» rocher ni sorti des glaces des Alpes; je suis de
» la même espèce que les autres hommes; j'é-
» prouve les mêmes sentiments qu'eux, la crainte,
» le désir, la joie, la tristesse; qui chérit ses amis
» plus que moi? Je n'ai jamais de différents avec
» qui que ce soit; affable avec ceux qui viennent
» me voir, compatissant pour ceux qui me ser-

» vent, je n'offense personne de ma morgue ni
» ne l'opprime de mon pouvoir ; je n'affecte point
» une vaine popularité ; mon temps est tout en-
» tier aux affaires publiques... Je ne m'inquiète
» pas beaucoup de mes affaires domestiques;
» j'en laisse le soin à ma femme et à mes gens...
» Mes enfants, ma femme, mes amis, qui voient
» dans le rang que j'occupe leur principale source
» de fortune, me sollicitent à être moins inflexi-
» ble ; je suis, selon eux, un insensé pour ne pas
» savoir profiter du vent favorable de la fortune.
» Pour ce qui est de ma famille, je saurai bien
» l'empêcher de rien exiger de moi d'injuste et
» de honteux. » Il tint parole. Après avoir passé
six ans dans l'administration des finances et neuf
ans au parlement, on le vit réduit à demander
des aliments pour lui (ce sont ses expressions),
et une dot pour sa fille. Il aimait les plaisirs de
l'esprit, méprisait les joies grossières des sens.
Sa sobriété était extrême ; étant chancelier de
France, il pria le maréchal de Strozzi de venir le
voir à sa campagne de Vignay. Brantôme, qui
était de la partie, rend ainsi compte du dîner :
« On ne servit, dit-il, que la soupe et le bouilli,
» car c'était son ordinaire. » Les mœurs très peu
austères de cet historien se seraient mieux ac-
commodées sans doute de quelque chose qui sen-
tît un peu moins la frugalité spartiate; mais le
plaisir que lui causa la conversation de Lhospital le consola de cette maigre chair. « Ce n'étaient,

» durant le dîner, comme il nous le rapporte;
» que beaux discours, beaux mots et belles sen-
» tences qui sortaient de la bouche de ce grand
» personnage, et quelquefois aussi de gentils
» mots pour rire, »

Si, entrant plus avant dans cette conscience si
fortement trempée, nous voulons savoir à quelles
sources il puisa ces nobles aspirations, nous
trouvons qu'il se proposa à la fois d'imiter les
grands hommes des temps anciens, et de suivre
autant qu'il était en lui les enseignements du
Christ. Pénétré de l'esprit antique, il eut la fierté,
l'abnégation des premiers Romains; mais son patriotisme fut exempt de toute ostentation. L'humilité chrétienne ne fit que rendre plus intéres-
sant encore son dévoûment sans bornes aux intérêts de son pays. Cette vertu, que créa l'Évan-
gile, en le préservant d'entraînements que l'humanité aurait pu désavouer, empêcha dans son
cœur le culte du sol natal de se transformer jamais en fanatisme. Qui pourrait douter que l'exemple des héros que nous peint Tite-Live n'ex-
cita pas en lui une noble émulation, lorsque,
parlant de sa modeste demeure de Vignay, il s'é-
crie avec une sorte de bonheur : « Les maisons
» des Curius et des Fabricius ne valaient guères
» mieux que la mienne. » Le vainqueur de Car-
thage ne dédaigna pas d'habiter Linterne; cette
habitation champêtre devint l'admiration de la
postérité. S'aperçoit-il que son amour pour le

bien public est un sujet de raillerie pour beaucoup de ses concitoyens; il trouve des motifs de
persévérer dans cette noble voie en songeant,
comme il nous le dit, que quelques citoyens d'A-
thènes et de Rome pensèrent autrefois comme
lui. Enfin, lorsque la disgrâce du roi l'atteint, il
évoque les noms des illustres citoyens que l'ingratitude de leur pays avait frappés d'ostracisme;
c'est avec quelque fierté que Lhospital se met à
la suite de toutes ces grandes infortunes immé-
ritées : « Je vis ici, écrit-il du fond de sa retraite
» de Vignay, où il s'était retiré après avoir quitté
» les honneurs, comme Laërte dans son champ,
» loin de toute ambition et méprisant sincère-
» ment les plaisirs de la cour ; je suis exilé, il est
» vrai; mais mon exil n'a rien de flétrissant ; c'est
» celui dont usaient les Athéniens à l'égard des
» citoyens qui s'élevaient trop au dessus des
» autres par leur vertu ou par leur richesse.

Il ne me reste plus qu'à vous montrer que la
méditation des préceptes chrétiens éleva et per-
fectionna ces nobles instincts, puisés à une source
payenne. « Nul livre, disait-il en parlant de la
» Bible, ne saurait être mis en parallèle avec les
» divines Écritures !... Quel calme elles répan-
» dent dans nos âmes ! Que de consolations on
» y trouve dans les malheurs de la vie ! » Plus
loin il s'écrie dans une épître à Ollivier : « O
» grande et précieuse récompense de la vraie
» piété ! O amour du ciel qui nous rend indiffé-

BIBLIOTHÈQUE IMPÉRIALE IMPR.

» rents pour les choses de la terre! Ce n'est ni
» dans l'école de Zénon ni dans celle de Platon
» qu'on puise cette constance admirable, mais
» dans celle du Christ. »

On se fait généralement une idée assez incom-
plète du caractère de Lhospital ; on ne voit en lui
que le magistrat inflexible qui ne sut jamais tran-
siger avec la corruption du siècle. Certainement
il fut la conscience honnête que vous connaissez;
mais à cette vertu solide il joignit d'aimables
qualités. La figure austère et pleine de dignité
que ses portraits nous ont conservée ferait croire
volontiers qu'il dût mépriser toute occupation qui
n'était pas en harmonie avec cet extérieur sévère. La surprise est grande quand, sous cette
rude enveloppe, apparaît un cœur plein de pitié. Il
écrivit dans la langue de Virgile et d'Horace, et
nous a laissé de nombreuses épîtres traitant des
sujets tantôt graves, tantôt légers. Si on y sent
l'âme courageuse du citoyen qui flagelle les vices
de son temps, on y rencontre aussi les grâces dé-
centes que le cygne de Mantoue sut imprimer à
ses idylles. Chose singulière, difficile à soupçon-
ner chez cet homme, les vers furent la passion
de toute sa vie! Sa vocation ne l'entraînait pas
dans le monde des affaires, mais le sollicitait à
vivre ignoré dans le culte des lettres et l'exercice
de toutes les vertus. Il avait, dès sa plus tendre
enfance, contracté le goût des études spéculati-
ves ; son esprit inclinait plus volontiers aux abs-

tractions de la science qu'à la pratique des choses gouvernementales. Une femme, des enfants,
des livres, le calme des champs, tel semble avoir
été le rêve de cet esprit méditatif. Voyez quelle
joie il ressent quand les vacances viennent le dé-
livrer de l'ennui de siéger au parlement. « Là,
» dans ces heureux moments de loisir (il est à
» la campagne de son beau-père), je fais l'énu-
» mération de nos richesses, que je ne changerais
» pas pour tout l'or de Crésus, quelque modi-
» ques qu'elles soient. Quel temps précieux ! que
» je goûte de bonheur pendant ces deux mois !
» Tantôt je lis Xénophon ou Platon, tantôt Ho-
» mère ou Virgile ! Oh ! combien je serais heu-
» reux de pouvoir toujours employer mon temps
» à de telles occupations, soit à la campagne, soit
» à la ville ! »

Deux motifs puissants le dirigèrent cependant
vers une vie active : le besoin d'abord ; il n'était
pas suffisamment riche pour passer son temps
dans les loisirs de l'étude ; le devoir ensuite. Il lui
sembla qu'au milieu des malheurs de son siècle
tout homme supérieur devait mettre la main au
timon des affaires. Mais lorsque, contraint par
l'ingratitude de ceux qu'il a servi, il quitte les
honneurs, avec quels accents de joie ne salue-t-il
pas ses champs de Vignay ! Comme ce retour à
des instincts de paix et de calme qui avaient toujours persisté dans son cœur le rend heureux !
« J'ignorais qu'il y eût autant de charmes dans la

» vie et les contemplations champêtres ; j'ai vu
» blanchir mes cheveux avant de connaître l'état
» dans lequel je pouvais rencontrer le bonheur.
» En vain la nature m'avait fait aimer le repos et
» l'oisiveté ; jamais, je crois, je n'aurais pu me li-
» vrer à ce penchant si doux si le ciel lui-même ne
» m'eût délivré des fers que, peut-être, sans lui
» je n'aurais jamais brisés. »

Avant de vous montrer Lhospital , aux prises
avec les événements qu'il domina toujours de
son génie, il m'est impossible de ne pas faire un
rapprochement entre lui et deux hommes célèbres, que des travaux antérieurs aux miens vous
ont déjà fait connaître. Vous devez , en effet ,
être frappés de voir combien le profond juris-
consulte et l'éloquent avocat dont deux plumes
de talent vous ont retracé les vies, dans cette
même enceinte, ressemblent par certains côtés,
à notre grand chancelier. Vous n'avez pas ou-
blié le tableau si complet de l'existence ignorée
de Domat, ni le style élégant, sobre et correct,
dans lequel on vous l'a reproduite ; vous avez
encore devant les yeux, les vives images que
vous a offertes l'imagination poétique et émue de
celui qui nous a donné l'éloge de Cochin. Eh
bien ! ne trouvons-nous pas chez ces esprits un
lien commun, la vertu alliée à la modestie.

Un des premiers actes de Lhospital, une fois
au pouvoir, fut d'empêcher en France, l'établis-
sement du tribunal de l'inquisition. Pour préve-

uir les malheurs des guerres religieuses, il groupa autour de lui les protestants et les catholiques les plus vertueux et organisa ce qu'on appelait alors le tiers-parti : Voici ses sages maximes qui auraient prévenu l'effusion du sang si elles avaient été comprises : « il n'appartient qu'à Dieu de juger ce qui est au fond des consciences ; c'est lui qui doit punir les hérétiques et récompenser les fidèles ; la société civile est distincte de la société religieuse ; en conséquence on n'a pas à demander à un citoyen de quelle religion il est pour remplir un emploi public, mais s'il est instruit, fidèle, dévoué à l'Etat. » Une occasion s'offrit bientôt à Lhospital, de faire briller son courage : le prince de Condé, soupçonné d'avoir pris part à quelques complots protestants, avait été mandé à la Cour. Une fois rendu auprès du roi, on s'empare de sa personne et on instruit son procès ; il est condamné à mort par le parlement, tous les grands seigneurs de la Cour signent cet arrêt inique ; quand on le présente à Lhospital, il le repousse avec horreur et prononce d'une voix grave et émue, ces belles paroles : « Je sais mourir, mais non me déshonorer. » Tant de courage étonne le président Guillard du Mortier et Léon du Breil, comte de Sancerre, entraînés par la noble contagion de l'exemple, font la même réponse ; une certaine hésitation se manifeste dans le conseil du roi ; l'exécution de l'arrêt est suspendue. Sur ces entrefaites, François II meurt ; Lhospital va trouver la reine mère, à laquelle l'ambition des Guise inspire des craintes sérieuses : il lui présente la mise en liberté de Condé, comme le seul moyen de contrebalancer leur influence ; cet avis est suivi, le prince rentre dans ses foyers : bientôt, par les soins du chancelier, il voit son arrêt de condamnation déchiré et son nom réhabilité par ceux qui l'avaient accusé. C'est ainsi que mettant, à profit les circonstances, il savait faire triompher la justice.

Me voici arrivé maintenant au moment où la vie de Lhospital se trouve liée intimement aux événements les plus importants du pays ; j'ai un instant éprouvé le désir de le suivre à travers cette nouvelle phase de son existence, mais j'y ai bientôt renoncé : une biographie doit reproduire l'homme privé plutôt que l'homme public, qui appartient à l'histoire générale, je ne dirai donc que peu de mots sur le rôle politique qu'il fut appelé à jouer.

Il s'occupe d'abord de déraciner les abus de toute sorte, qu'il rencontre ; pour y parvenir, il réunit les états généraux, à Orléans. Une célèbre ordonnance qui porte le nom de cette ville, en condamne un grand nombre ; il procède ensuite à la réforme des lois vieillies, en substituant à celles encore existantes, des dispositions si sages, qu'elles servirent de modèle à celles édictées par Louis XIV ; enfin mu par le désir de mettre un terme aux guerres religieuses , le col-

loque de Passy, où les protestants et les catholiques devaient essayer de s'entendre sur les points
qui les divisaient, est organisé par ses soins;
dans toutes les circonstances il fit preuve de la
plus grande indépendance, maintenant cons-
tamment les principes de tolérance qu'il avait
toujours proclamés. Tout ce qui pouvait être accordé aux protestants, dans les temps où les
esprits étaient si exaltés, le chancelier le leur
octroya; il rendit en leur faveur un grand nombre d'édits qui prirent le nom d'édits de tolérance. Cette conduite lui attira bien des haines; il
blessait en agissant ainsi, toutes les idées reçues
alors; cette modération inspirait des craintes aux
catholiques zélés; ils invitaient le roi à ne plus
écouter des conseils qui, s'ils étaient suivis, en-
traîneraient la ruine de la religion. En vain Lhospital paraissait au conseil et essayait de calmer
les esprits, on n'avait plus égard à ses avis; il
comprit alors que sa dignité exigeait qu'il se
retirât. Le masque était levé, on avait enfin secoué
le joug trop pesant de sa vertu; avant de quitter
le roi et la reine, il crut qu'il devait encore leur
adresser une sage exhortation; il les pria quand
ils auraient enfin saoulé et rassasié leur cœur et
leur soif, du sang de leurs sujets, de ressaisir du
moins la première occasion de paix qui s'offrirait
devant que la chose fut réduite à extrême misère,
car quelqu'issue qu'eût cette guerre, elle ne pouvait être que très pernicieuse au roi et au royau-

me. Sa modeste maison de Vignay abrita ses vieux jours. Là son esprit oubliait, au milieu des distractions de l'étude, dans le calme des champs, tous les vains honneurs qui n'avaient été pour lui qu'un pesant fardeau; on ne le vit jamais regretter des dignités qu'il n'aurait pu garder sans rougir; les affaires du temps sont trop corrompues pour que je m'en mêle, disait-il, en remettant les sceaux à Brulart. Au milieu des douces émotions de la famille et des joies austères du travail, un bonheur parfait eût été son partage s'il eût pu ignorer les maux de la patrie. Du moment en effet, où il avait quitté le pouvoir, tous les mauvais instincts avaient triomphé; toutes les sages dispositions qu'il avait prises à l'égard des protestants, furent abolies; la guerre civile naquit de ces mesures provocatrices.

Le meurtre promena ses ravages dans toute la France, puis tout-à-coup le calme reparut comme par enchantement; le roi de Navarre épouse la sœur de Charles IX, on donne au Louvre de splendides fêtes, les partisans des deux communions prennent part à ces réjouissances qui cachaient un piége. L'œil de la Florentine suivait à travers les vastes salons pleins de lumières et de bruit les seigneurs protestants qui passaient et repassaient devant ses yeux dans le mouvant panorama du bal. Ils étaient tous comptés!... Imprudents sans souci du lendemain! quelques heures encore de ces molles voluptés où vos sens s'engourdissent, où votre raison s'endort, et puis le réveil au milieu des cris forcenés, des plaintes des mourants, des imprécations, des malédictions sous le poignard de l'assassin !... tel était l'aveuglement des esprits et l'entraînement des sens, que personne dans cette nuit fatale ne vit le pâle fantôme de la Saint Barthelemy errer à travers la foule indifférente et marquer de son doigt sanglant ces élus de la mort !....

Les Guise, qui ne pardonnaient point à Lhospital l'opposition qu'il leur avait faite, l'avaient désigné aux ministres de leurs vengeances : pour obéir à ces ordres, une bande d'asssassins se dirige sur Vignay et s'apprête à cerner la maison de l'ancien chancelier de France : tout le monde le presse de pourvoir à sa sûreté : Rien, rien, répond-il avec calme, ce sera ce qu'il plaira à Dieu quand mon heure sera venue ! On lui demande des ordres pour fermer les portes : « Non, dit-il, si la petite n'est pas assez large pour les faire entrer, que l'on ouvre la grande. » Sur ces entrefaites arrivaient à toutes brides de Paris des cavaliers envoyés par la reine informée du danger qu'il courait. Ils délivrent Lhospital des émissaires des Guise, et leur chef lui annonce que le roi lui pardonne la résistance qu'il avait si longtemps formée aux mesures projetées contre les protestants. « J'ignorais, répond-il froidement, que j'eusse mérité jamais ni la mort ni le pardon. »

Après que ces terribles scènes eurent couvert la France d'un voile de deuil, un dégoût amer mêlé d'une tristesse profonde s'empara du cœur de Lhospital : « j'ai trop vécu, écrivait-il au fils de Jean Morel, puisque j'ai vu de mes propres yeux ce que je n'aurais pu croire : un jeune prince d'un excellent caractère changer tout à coup ; et un roi doux, devenir un tyran féroce. Ce n'était point les mœurs de nos anciens rois ; tout ce qui sentait l'artifice leur était odieux ; ils ne faisaient jamais la guerre qu'à force ouverte. »

Les souvenirs de ces horribles journées l'obsédèrent sans cesse et on l'entendait s'écrier souvent : *Excedat illa dies œvo !*....

Une dernière épreuve lui restait à surmonter, elle était bien due à cette vertu si rare qu'elle devait à jamais consacrer. Après trente ans d'une inépuisable activité dépensée au service de son pays, il se vit réduit à un état voisin de l'indigence, et connut le besoin. Cet homme à qui la Grèce eût élevé des statues comme à un demi Dieu, trouva sa patrie sans entrailles lorsqu'il la pria de lui envoyer quelques secours pour lui et ses serviteurs, et de l'aider à faire rebâtir une tour de son modeste manoir ; l'humble supplique ne fut point accueillie : toutefois le vieillard ne murmura point de ce dur refus. Ce trait d'ingratitude ne put exciter en lui la haine de son pays ; il n'opposa qu'une sainte résignation à ce dernier outrage. « J'attendrai bien encore, écrivait-il à Charles IX, cela n'est ni long ni difficile à mon âge. » Avant de mourir on ne l'entendit point s'écrier, comme cet enfant de Rome qu'avaient lassé les rigueurs de ses concitoyens, « Ingrate patrie, tu n'auras pas mes os; » mais il expira au contraire entouré de sa famille et de ses amis, le pardon du chrétien sur les lèvres.

Imitons son exemple : oublions des torts qu'il a lui-même effacés en les arrachant de sa mémoire; oublions-les surtout, Messieurs, afin de mieux retenir dans nos cœurs le souvenir de ses vertus, qui sont la gloire d'un pays et l'honneur de l'humanité.

PARIS. — IMPRIMERIE DE MOQUET, RUE DE LA HARPE, 92.

www.ingramcontent.com/pod-product-compliance
Lightning Source LLC
Chambersburg PA
CBHW061451050726
47593CB00004B/1534